Hay personas que nos enseñan
a ver con otros ojos,
a leer con otras palabras.
Con ellas aprendemos que, a veces,
un sol puede ser una luna.

Colección MAKAKIÑOS


Rúa de Pastor Díaz nº. 1, 4º. B - 36001 Pontevedra
Telf.: 986 860 276
editora@kalandraka.com
www.kalandraka.com

Impreso en Gráficas Anduriña, Poio
Primera edición: enero, 2004
Tercera edición: agosto, 2018

ISBN: 978-84-8464-234-3
DL: PO 007-04



Esta obra ha sido publicada
con la ayuda de la Dirección General del Libro,
Archivos y Bibliotecas del Ministerio de Cultura.

# LA RATITA PRESUMIDA

Texto de Bata, a partir de la versión de José A. López Parreño

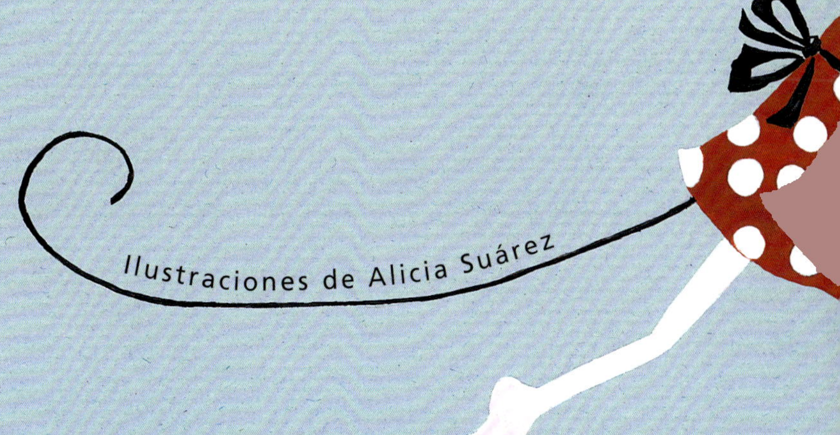


Kalandraka

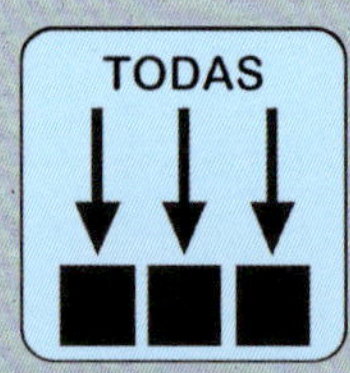

Érase una vez una ratita que todas las mañanas

barría su casita y cantaba:

***¡Lan, larán, larita... barro mi casita...!***

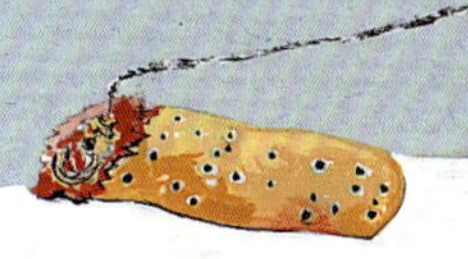

Un día que barría encontró una moneda.

*¿Qué compraré?*, pensó la ratita.

1
EURO

*¡Pues me compraré un lacito muy bonito!*

La ratita estaba muy guapa con su lacito.

Barría y cantaba muy contenta:

***¡Lan, larán, larita... barro mi casita...!***

Un día estaba barriendo y un toro le dijo:

**Ratita, ratita, ¡qué guapa estás! ¿Quieres casarte conmigo?**

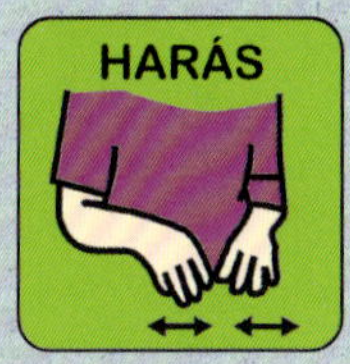


*¿Y por la noche qué harás?*

¡MUUU...!

*¡Ay, no, no, qué horror!*

El toro, muy enfadado, se fue por el campo.

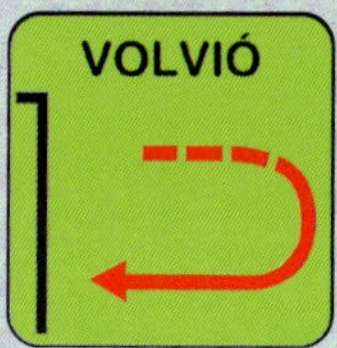

La ratita volvió a cantar: ***¡Lan, larán, larita... barro mi casita...!***

Otro día, mientras la ratita barría, un perro le dijo:

**Ratita, ratita, ¡qué guapa estás! ¿Quieres casarte conmigo?**

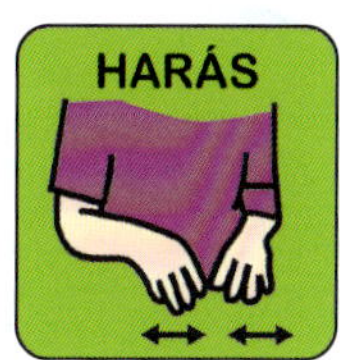


*¿Y por la noche qué harás?*

NO NO HORROR

*¡Ay, no, no, qué horror!*

El perro, muy triste, se fue por las calles de la ciudad.

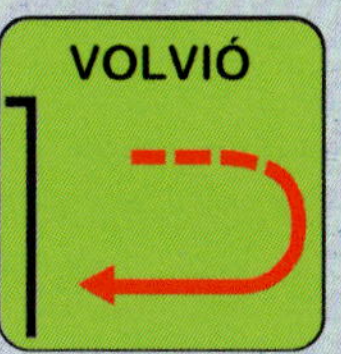

La ratita volvió a cantar:

***¡Lan, larán, larita... barro mi casita...!***

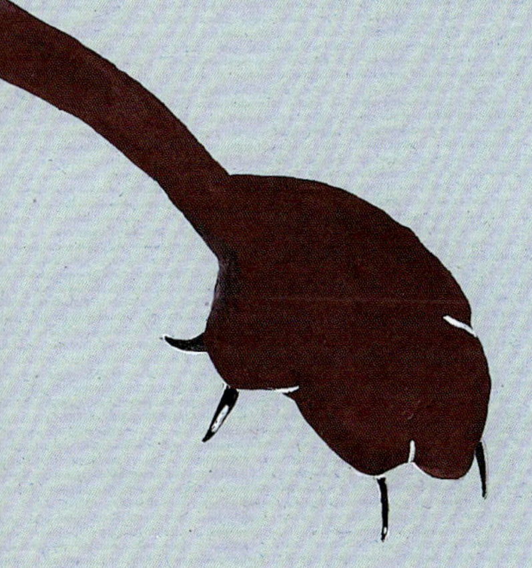

Otro día, mientras la ratita barría, un gato le dijo:

**Ratita, ratita, ¡qué guapa estás! ¿Quieres casarte conmigo?**

*¿Y por la noche qué harás?*

*¡Ay, no, no, qué horror!*

**¡MIAAAAUUU.**

El gato, decepcionado, se fue por los tejados.

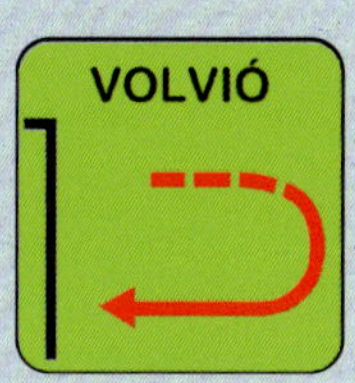

La ratita volvió a cantar:

***¡Lan, larán, larita... barro mi casita...!***

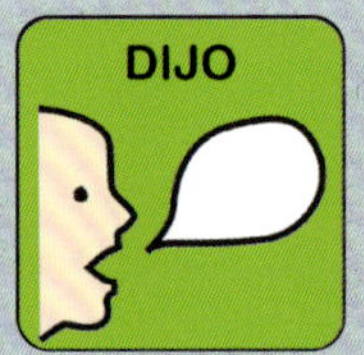


Otro día, mientras la ratita barría, un gallo le dijo:

**Ratita, ratita, ¡qué guapa estás! ¿Quieres casarte conmigo?**

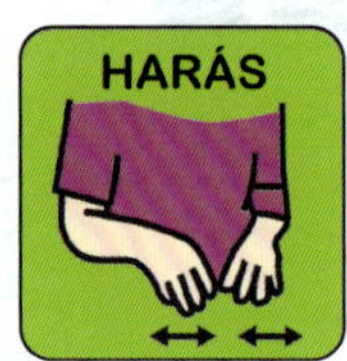


*¿Y por la noche qué harás?*

¡QUIQUIRIQUIII...!

*¡Ay, no, no, qué horror!*

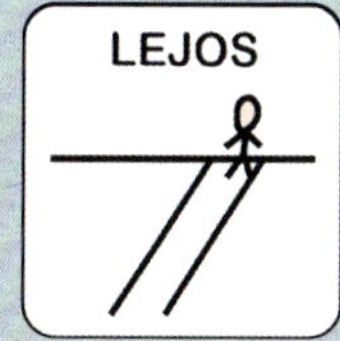


El gallo, furioso, se fue lejos.

La ratita volvió a cantar: ***¡Lan, larán, larita... barro mi casita...!***

Otro día, mientras la ratita barría, un ratón le dijo:

**Ratita, ratita, ¡qué guapa estás! ¿Quieres casarte conmigo?**

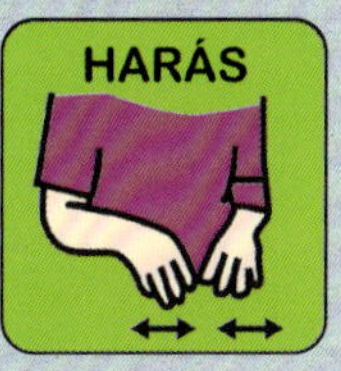


*¿Y por la noche qué harás?*

*¡Dormir y callar...!*

*¡Dormir y soñar...!*

Y la ratita dijo:

*¡Pues contigo me he de casar!*

Y se dieron un beso con sabor a queso.

Y, colorín colorado, los ratoncitos barriendo cantaron:

***¡Lan, larán, larita... barro mi casita...!***